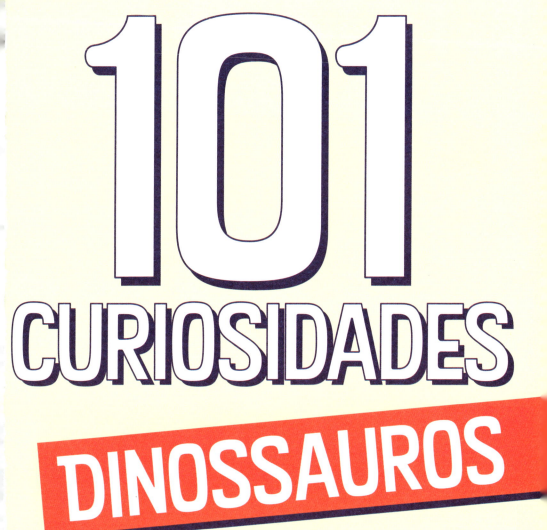

Ciranda Cultural

Dados Internacionais de Catalogação na Publicação (CIP) de acordo com ISBD

B236c Barbieri, Paloma Blanca Alves

 101 curiosidades - Dinossauros / Paloma Blanca Alves Barbieri ; Ilustrado por Shutterstock. – Jandira, SP : Ciranda Cultural, 2021.
 32 p. ; 15,5cm x 22,6cm. – (101 curiosidades)

 ISBN: 978-65-5500-746-6

 1. Literatura infantojuvenil. 2. Dinossauro. 3. Curiosidade. 4. Pré-história. 5. Descoberta. 6. Aprendizado. I. Shutterstock. II. Título. III. Série.

2021-1722

CDD 028.5
CDU 82-93

Elaborado por Vagner Rodolfo da Silva - CRB-8/9410

Índice para catálogo sistemático:
1. Literatura infantojuvenil 028.5
2. Literatura infantojuvenil 82-93

© 2021 Ciranda Cultural Editora e Distribuidora Ltda.
Produção: Ciranda Cultural
Texto: Paloma Blanca Alves Barbieri
Preparação: Ana Paula Uchoa
Revisão: Cleusa S. Quadros e Karine Ribeiro
Diagramação: Coletivo Editoriall
Imagens: Shutterstock.com
(Legenda: S=Superior, I=Inferior, M=Meio, E=Esquerda, D=Direita)
Capa=SE, SD, ME, MD, IE, ID=Warpaint; M=topimages
Miolo=6=Designua; 7/S=SAHACHATZ; 7/I=klerik78; 8/S=Daniel K. Driskill; 8/I=dimair; 9/S=Martin Bergsma; 9/I,26/S=Herschel Hoffmeyer; 10/S,11/S-E,11/I,22/I=Warpaint; 10/I=Prystai; 11/S-D=Lermot; 12/S=vidimages; 12/I,13/I,15/S,16/S,17/S,17/I,21,23/S,23/I,25/I,27/S,27/I,29/S=Daniel Eskridge; 13/S=Teo Tarras; 13/M=Esteban De Armas; 14/S=Parmna; 14/I=aksol; 15/I=Witsawat.S; 16/I=Svetlana Monyakova; 18,22/S=Dotted Yeti; 19/S=Dariush; 19/M,28/S=Elenarts; 19/I,20/S,24/S,24/I,29/I=Michael Rosskothen; 20/I=Piotr Velixar; 25/S,28/I=Catmando; 26/I=kamomeen; 30=mijatmijatovic; 31/S=Engineer studio; 31/I=Anton Balazh; 32=Egor Shilov

1ª Edição em 2021
7ª Impressão em 2024
www.cirandacultural.com.br
Todos os direitos reservados. Nenhuma parte desta publicação pode ser reproduzida, arquivada em sistema de busca ou transmitida por qualquer meio, seja ele eletrônico, fotocópia, gravação ou outros, sem prévia autorização do detentor dos direitos, e não pode circular encadernada ou encapada de maneira distinta daquela em que foi publicada, ou sem que as mesmas condições sejam impostas aos compradores subsequentes.

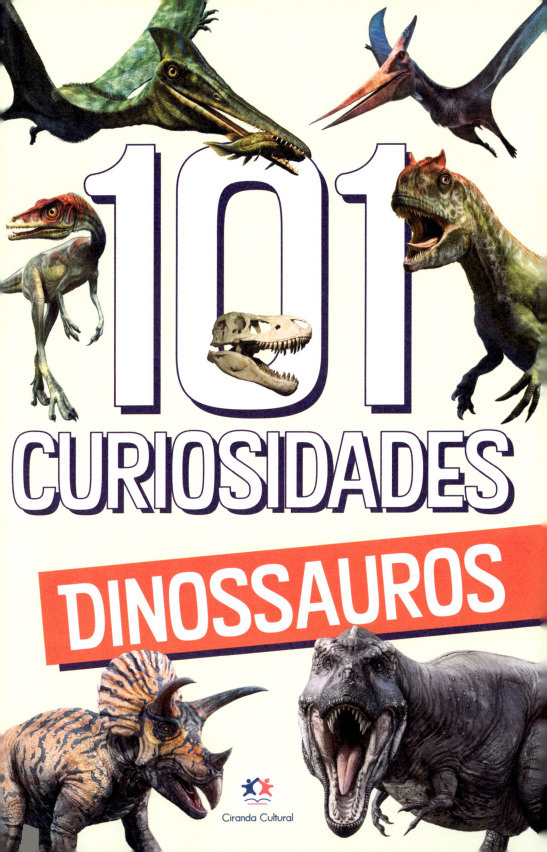

SUMÁRIO

BEM-VINDO(A) À ERA MESOZOICA! 6-7

DESCOBERTAS PRÉ-HISTÓRICAS 8-9

PERÍODO TRIÁSSICO 10-11

PERÍODO JURÁSSICO 12-13

PERÍODO CRETÁCEO 14-15

ESPÉCIES DE DINOSSAUROS 16-17

NOS ARES 18-21

NAS ÁGUAS 22-25

NA TERRA 26-29

EXTINÇÃO EM MASSA 30-31

RECORDES PRÉ-HISTÓRICOS 32

BEM-VINDO(A) À ERA MESOZOICA!

01 ERA DOS DINOSSAUROS

A Era Mesozoica durou entre 252 e 65,5 milhões de anos atrás, o que totaliza um período de 185 milhões de anos. Essa época caracteriza o surgimento e a evolução dos dinossauros na Terra, além de muitos outros animais e plantas.

02 PERÍODOS MESOZOICOS

Também conhecida como Era dos Dinossauros, a Era Mesozoica foi dividida em três períodos: Triássico, Jurássico e Cretáceo. Cada período possui características específicas que envolvem desde a vegetação e o clima até as espécies de dinossauros.

03 SEPARAÇÃO DA PANGEIA

No período Permiano, que antecedeu a Era Mesozoica, todos os continentes que conhecemos hoje formavam um gigantesco pedaço de terra, chamado **Pangeia** ("toda a terra", em grego). Porém, logo no início da Era dos Dinossauros, o supercontinente passou por uma divisão, que resultou na separação de **dois supercontinentes**, um no Hemisfério Sul e outro no Hemisfério Norte.

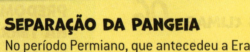

LAGARTO TERRÍVEL 04

Embora os dinossauros tenham habitado a Terra há milhões de anos, o termo "dinossauro" não existia até 1842. O nome foi dado pelo paleontólogo Richard Owen e significa "lagarto terrível", em grego.

05 ORIGEM DO NOME

Mesozoico é uma palavra de origem grega que significa "vida intermediária", pois compreende o período entre a vida antiga (antes dos dinossauros) e a nova (depois dos dinossauros).

DIFERENTES CLIMAS 06

O clima na Era Mesozoica foi bem variado. Durante o período Triássico, a maior parte dos continentes era árida, uma herança da fase anterior (Era Paleozoica, período Permiano). No Jurássico, houve aumento do nível do mar, o que inundou novas regiões. Assim, o clima da Terra passou de árido para úmido e semitropical. Já no período Cretáceo, acredita-se que as temperaturas aumentaram, chegando a ser 10 graus Celsius mais quente do que a temperatura atual.

PREDOMINANTES NA TERRA 07

Os dinossauros foram a forma de vida predominante nos continentes durante quase toda a Era Mesozoica. Havia espécies carnívoras, herbívoras, de longos pescoços e caudas, voadores e raptores velozes.

DESCOBERTAS PRÉ-HISTÓRICAS

08 INÚMERAS ESPÉCIES
Das diversas espécies de dinossauros existentes na Era Mesozoica, cerca de 1000 já foram nomeadas. Porém, acredita-se que ainda haja pelo menos 800 a serem descobertas.

09 PRIMEIRO FÓSSIL
O primeiro dinossauro a ser descoberto e nomeado foi o **Megalossauro**. Encontrado em 1824, o grande animal recebeu esse nome, que significa "grande lagarto", porque os cientistas pensavam que se tratava de um tipo de lagarto gigante, já que, naquele tempo, os dinossauros ainda eram desconhecidos.

10 PARENTE ESTRANHO
Por meio da comparação entre diversas características presentes nos ossos dos dinossauros e das aves modernas, descobriu-se que até mesmo o Tiranossauro rex, um grande predador, tem como parente mais próximo as aves, mais precisamente, as galinhas e os avestruzes. Quem diria, não?

11 RESQUÍCIOS DOS DINOSSAUROS
Os paleontólogos fizeram grandes descobertas sobre os dinossauros graças aos ossos fósseis encontrados. Porém, para entender como funcionava a alimentação desses animais, o material investigado nada mais era do que as fezes petrificadas desses grandes répteis.

12 OVO GIGANTE

Os ovos de alguns dinossauros eram tão grandes que chegavam a ter o tamanho de uma bola de basquete. O *Beibeilong sinensis*, por exemplo, uma espécie de Oviraptorossauro gigante, que media cerca de 8 metros e pesava 3 mil quilos, tinha ovos de até 45 centímetros.

13 NEM TODOS SÃO DINOSSAUROS

O termo dinossauro, embora tenha sido usado para se referir a diversos animais pré-históricos, como o pterossauro, só é aplicado a duas categorias de répteis: Saurischia (ou Saurísquios) e Ornithischia (ou Ornitísquios). Os Ornithischia possuíam o quadril semelhante ao das aves, caso de herbívoros, como o **Tricerátopo**. Já os Saurischia tinham o quadril parecido com o dos lagartos, caso dos dinossauros bípedes e carnívoros, como o Tiranossauro.

14 CINCO EXTINÇÕES EM MASSA

Nos últimos 500 milhões de anos, o planeta passou por cinco acontecimentos que destruíram, rapidamente, pelo menos metade dos seres vivos. Entre eles, destacam-se a extinção do período Permiano, que causou o desaparecimento de 95% das espécies, e do período Cretáceo, que erradicou 75%.

VOCÊ SABIA?

Alguns dinossauros são nomeados de acordo com o local onde foram encontrados. Os dinossauros Utahraptor e Denversaurus, por exemplo, receberam esses nomes porque foram descobertos, respectivamente, no estado de Utah e na cidade de Denver, ambos nos Estados Unidos.

PERÍODO TRIÁSSICO

15 DURAÇÃO
O período Triássico se refere à primeira parte da Era Mesozoica, entre 252 e 201 milhões de anos atrás, sendo o sucessor do período denominado Permiano.

Lotosaurus

16 CHEGADA DOS DINOSSAUROS
Os primeiros dinossauros herbívoros surgiram a partir dos répteis que habitavam a Terra. Inicialmente, eles não eram maiores do que perus. Porém, foram evoluindo e crescendo, tornando-se mais rápidos e ferozes.

17 CLIMA
Por ser um supercontinente, o clima no interior da Pangeia era quente e seco, o que originou grandes desertos arenosos e depósitos de arenito, tipo de rocha composta por minúsculos grãos de areia.

ORIGEM DO NOME

O nome Triássico foi dado em 1834 pelo geólogo alemão Friedrich August von Alberti. Ele constatou que três tipos de rochas caracterizavam esse período: arenito fluvial vermelho, calcário marinho fossilífero e arenito continental.

DIVISÃO DO CONTINENTE

No fim do período Triássico, começou a separação no supercontinente Pangeia, que resultou no surgimento de dois continentes e na formação de um grande oceano entre eles.

pterossauro

O PTEROSSAURO

Entre os animais que surgiram no Triássico, também se destaca a espécie de pterossauros. Diferentemente do que muitos acreditam, eles não eram dinossauros, mas sim répteis voadores.

OUTROS SERES

Além dos primeiros dinossauros e répteis voadores, o período Triássico também foi marcado pelo surgimento de outros seres vivos, como moluscos, **tubarões**, crocodilos, tartarugas e os primeiros mamíferos.

11

PERÍODO JURÁSSICO

22 DURAÇÃO
O período Jurássico se refere à segunda parte da Era Mesozoica, entre 201 e 145 milhões de anos atrás. Esse período também é conhecido como a Era dos Répteis, pois nessa época os dinossauros eram a forma de vida animal que dominava a Terra.

23 DIVISÃO COMPLETA
Foi durante esse período que o supercontinente Pangeia finalizou o processo de separação. Dessa divisão, dois continentes se formaram: a Laurásia (que compreendia as regiões do Norte) e o Gondwana (que compreendia as regiões do Sul).

24 PRIMEIRAS ESPÉCIES
Nessa época, novas espécies de dinossauros surgiram e em grande número, tais como Estegossauros, **Braquiossauros** e Alossauros.

12

CLIMA 25

O período Jurássico foi caracterizado por ter o clima quente, úmido e subtropical, dando origem a uma vegetação exuberante e com vida abundante.

26 ORIGEM DO NOME

O nome Jurássico deriva da palavra "Jura", nome dado a uma cadeia de montanhas localizada entre a Suíça, a França e a Alemanha.

FAUNA JURÁSSICA 27

A fauna do período Jurássico foi marcada pela ascensão dos répteis, pois eles passaram a dominar todos os ambientes: em terra, os dinossauros; no ar, os pterossauros; e, no mar, os **plesiossauros**.

DOMÍNIO DOS DINOSSAUROS 28

A segunda extinção em massa da Era Mesozoica ocorreu entre os períodos Triássico-Jurássico. Antes, os dinossauros representavam cerca de 1% a 2% da fauna da Terra. Porém, depois desse evento, eles passaram a compor de 50% a 90% da fauna.

Dilofossauro

PERÍODO CRETÁCEO

29 DURAÇÃO
O período Cretáceo durou entre 145 e 65,5 milhões de anos atrás. Sucessor do período Jurássico, ele foi dividido em duas metades: Cretáceo Inferior e Cretáceo Superior.

30 ORIGEM
O nome desse período se deve às rochas calcárias encontradas principalmente na Europa e que datam dessa época.

31 CLIMA
O Cretáceo foi um dos períodos mais quentes da história da Terra, pois os polos estavam desprovidos de gelo, e as temperaturas médias da superfície dos oceanos atingiam até 35 graus Celsius.

32 FAMOSOS RÉPTEIS

Entre os répteis terrestres, nesse período, dominaram a Terra os famosos dinossauros Tiranossauro rex, Tricerátopo, **Velocirraptor** e Espinossauro.

33 PEQUENOS INSETOS

O Cretáceo é um período de intensa diversificação dos insetos. Ele marca o surgimento das primeiras **formigas**, assim como dos cupins, das borboletas e das abelhas.

34 NO AUGE

O período Cretáceo foi extremamente importante para a vida na Terra, pois a diversidade e o tamanho dos dinossauros alcançaram seu auge.

35 TÉRMINO DOLOROSO

Esse período termina com a extinção de metade dos animais nos continentes e oceanos, por causa de um meteoro que atingiu a Península de Yucatán, no México, há 66 milhões de anos.

ESPÉCIES DE DINOSSAUROS

TERÓPODES 36

Os Terópodes eram dinossauros bípedes e foram os maiores carnívoros terrestres. Entre os dinossauros dessa classe, destacam-se o **Giganotossauro**, o Megalossauro e o Tiranossauro.

CERATOPSÍDEOS 37

Os Ceratopsídeos eram dinossauros quadrúpedes e herbívoros. As espécies desse grupo possuíam um tipo de chifre, como é o caso do **Centrossauro**.

SAURÓPODES 38

Os Saurópodes eram dinossauros quadrúpedes e considerados um dos maiores animais da Terra. Suas principais características eram o corpo avantajado com pescoço e cauda longos e cabeça pequenina. Entre os dinossauros dessa classe, destacam-se o Braquiossauro, o Diplodoco e o Titanossauro.

ESTEGOSSAUROS

Os Estegossauros eram dinossauros quadrúpedes e herbívoros, de corpo gigante e pequena cabeça. As espécies desse grupo possuíam placas ósseas nas costas que são bastante características.

39

Paquicefalossauro

40

ANQUILOSSAUROS

Os Anquilossauros eram dinossauros herbívoros que continham uma carapaça nas costas, usada como armadura. Além disso, a cauda deles era formada por espinhos e possuía uma espécie de clava na ponta que servia para protegê-los de diversos predadores.

41

PAQUICEFALOSSAUROS

Os Paquicefalossauros eram dinossauros herbívoros e bípedes, dotados de uma cabeça óssea com crânio compacto e uma abóbada alta, usada em disputas.

42

ORNITÓPODES

Os Ornitópodes eram dinossauros herbívoros (bípedes e quadrúpedes), que possuíam a boca em formato de bico. Destacam-se nessa classe o Anatossauro, o Bactrossauro e o **Parassaurolofo**.

17

NOS ARES

43 ARCHAEOPTERYX
Tendo vivido no período Jurássico, há cerca de 150 milhões de anos, os Archaeopteryx (lê-se Arqueoptérics) foram uma forma de transição entre os dinossauros que não voavam e as aves atuais. Medindo quase meio metro de comprimento e dotados de asas longas e emplumadas, esses animais voavam com alguma dificuldade, mas eram ótimos planadores.

44 IBEROMESORNIS
Um réptil voador que viveu durante o Cretáceo, há cerca de 125 milhões de anos, o Iberomesornis não tinha mais do que 15 centímetros de comprimento, ou seja, era menor do que a mão de um adulto.

Archaeopteryx

45 ICHTHYORNIS
O Ichthyornis foi uma das primeiras aves com dentes a ser descoberta. Charles Darwin até a considerou como uma grande prova da teoria da evolução. Vivendo há 90 milhões de anos, essa ave tinha cerca de 43 centímetros de envergadura e era bem parecida com as gaivotas de hoje.

VOCÊ SABIA?
Os grandes répteis voadores da Era Mesozoica não eram realmente dinossauros, mas sim pterossauros.

PTERODÁCTILOS 46

Répteis voadores mais conhecidos por todos, os **Pterodáctilos** eram um gênero de pterossauros carnívoros que se alimentavam de pequenos animais. Foi por causa de suas características que a espécie ganhou esse nome, pois, em grego, "ptero" significa asas, e "dáctilo", dedos. Sendo assim, seu nome seria algo como "dedos em forma de asas".

QUETZALCOATLUS 47

Os **Quetzalcoatlus** também são do gênero dos pterossauros do período Cretáceo, sendo o maior animal voador conhecido que já viveu. Além disso, seu nome foi em homenagem a uma divindade asteca.

Quetzalcoatlus

RHAMPHORHYNCHUS 48

O Rhamphorhynchus era um pterossauro relativamente pequeno, com quase 2 metros de envergadura nas asas. O nome significa "focinho com bico" e se deve ao fato de seu focinho terminar nesse formato. Apesar desse nome, sua característica mais marcante era a longa cauda, semelhante a uma pipa.

PTERANODONTE 49

Pteranodontes foram enormes répteis voadores que habitavam as regiões costeiras e se alimentavam de animais como peixes e lulas. Suas asas abertas atingiam mais de 10 metros, tornando-se tão grande quanto uma asa-delta.

19

NOS ARES

PREONDACTYLUS 50

O Preondactylus é o pterossauro mais primitivo que se conhece, pois viveu no período Triássico, na região da Itália, há aproximadamente 225 milhões de anos. Ágil como um morcego, sua cauda comprida o ajudava a ter estabilidade para fazer manobras aéreas.

DIMORPHODON 51

O pterossauro **Dimorphodon**, cujo nome significa "dentes de duas formas", viveu durante o período Cretáceo na região da Inglaterra, há aproximadamente 105 milhões de anos. Essa espécie caçava insetos durante o voo e provavelmente andava em grandes grupos para se proteger e se sair melhor nas caçadas.

52 ANUROGNATHUS

O **Anurognathus** era um pterossauro minúsculo: seu corpo media apenas 9 centímetros. Apesar de pequeno, o réptil podia alcançar uma envergadura de 50 centímetros. Para se alimentar, acredita-se que o pequeno animal comia os insetos que parasitavam as costas de grandes Saurópodes, como o Diplodoco, da mesma maneira que alguns pássaros fazem com os rebanhos hoje em dia.

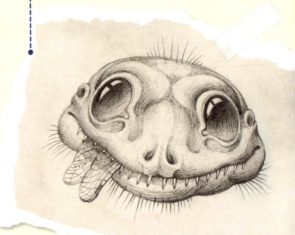

NYCTOSSAURO 53

O Nyctossauro (do grego "lagarto noturno") viveu durante o período Cretáceo, há 85 milhões de anos, nos Estados Unidos. Ele tinha 2 metros de envergadura, pesava cerca de 4 quilos e meio e, quando voava, podia chegar a 34 quilômetros e meio por hora. Entre suas características, a principal e mais estranha diz respeito à enorme crista, composta por duas hastes ósseas em forma de "L", que ficava apoiada no crânio.

LUDODACTYLUS 54

Ludodactylus foi um pterossauro de porte médio bastante incomum, pois, embora se parecesse com o Pteranodonte, era da família do Anhanguera, um pterossauro brasileiro que tinha dentes, mas nenhuma crista.

TROPEOGNATHUS 55

O Tropeognathus, cujo nome significa "mandíbula em forma de quilha", viveu durante o período Cretáceo, no Nordeste brasileiro, há aproximadamente 110 milhões de anos. De porte mediano, esse pterossauro alcançava 9 metros de envergadura. No início do período Cretáceo, os pterossauros pequenos começaram a evoluir e atingir tamanhos maiores.

Anhanguera

ANHANGUERA 56

O Anhanguera também era um pterossauro de porte médio, que viveu no mesmo período e lugar que o Tropeognathus. Ele possuía 52 dentes pontiagudos e bem afiados, sendo que alguns podiam atingir até 5 centímetros. Tal espécie media mais de 4 metros e pesava quase 30 quilos.

NAS ÁGUAS

57 MOSASSAURO

Os **mosassauros** foram os principais predadores dos oceanos no fim do período Cretáceo, habitando mares pouco profundos. Como eram carnívoros, eles se alimentavam de tudo um pouco: de aves, peixes, tubarões a mosassauros menores. A menor espécie encontrada media cerca de 3 metros e meio de comprimento, e a maior, 17 metros, pesando até 6 toneladas.

PLIOSSAURO 58

Medindo 15 metros de comprimento, esse réptil habitava os mares do norte. Além de enorme e veloz, a mordida do Pliossauro era muitíssimo poderosa, até mais do que a do grande Tiranossauro.

PLESIOSSAURO 59

Outro grande réptil marinho, o **Plesiossauro** se alimentava de peixes. Ele tinha o pescoço longo e conseguia elevá-lo acima da superfície do mar para respirar. O Plesiossauro viveu no início do Período Jurássico, entre 200 e 170 milhões de anos atrás.

VOCÊ SABIA?

Os grandes répteis que habitaram os oceanos durante a Era Mesozoica são divididos em quatro grupos (quelonioideos, ictiossauros, plesiossauros e mosassauros) e são equivocadamente chamados de dinossauros marinhos.

60

ELASMOSSAURO

Os **Elasmossauros** foram uma espécie de plesiossauro que viveu no período Cretáceo, há 80 milhões de anos. Seu corpo estranho lembrava o de uma serpente gigantesca unida ao corpo de uma tartaruga marinha sem casco. Medindo 14 metros de comprimento, sendo 8 apenas de pescoço, essa criatura era um verdadeiro monstro dos mares.

61

PLACODONTE

Assim como as tartarugas (embora não tivessem nenhum parentesco), os Placodontes eram dotados de uma casca dura que os ajudava a se defender dos predadores. Vivendo no Triássico, 252 milhões de anos atrás, acredita-se que esses répteis eram terrestres, mas que, em um processo evolutivo, passaram a se adaptar à vida aquática, perdendo as pernas e ganhando barbatanas.

ictiossauro

62

ICTIOSSAURO

Sendo provavelmente os animais marinhos mais famosos que existiram, os ictiossauros surgiram no período Triássico, mas habitaram as águas até o Cretáceo. Embora fossem parentes dos lagartos e das cobras, eram semelhantes aos tubarões e golfinhos. Uma análise do fóssil dessa espécie mostrou que ele passou por um interessante processo de evolução: de réptil quadrúpede até a forma de um peixe com nadadeiras, em cerca de 30 milhões de anos.

63

TALATTOSSAURO

Os Talattossauros foram répteis marinhos que viveram durante a metade do período Triássico, quando os dinossauros estavam surgindo pela primeira vez. Eles habitavam oceanos equatoriais e podiam medir até 4 metros de comprimento. O fóssil mais novo dessa espécie foi encontrado no Alaska, em 2011, e recebeu o nome de *Gunakadeit joseeae*.

NAS ÁGUAS

64
LIOPLEURODON

Grande réptil marinho e carnívoro, o Liopleurodon viveu no período Jurássico. Estima-se que seu tamanho chegava a 7 metros ou mais e que suas enormes barbatanas o tornavam um caçador letal.

65
TILOSSAURO

O **Tilossauro** foi um réptil marinho que viveu durante o período Cretáceo. Com cerca de 15 metros de comprimento e 7 toneladas, ele era um carnívoro voraz. Uma de suas características mais marcantes era a extremidade óssea do seu focinho, possivelmente usada para atingir e atordoar as presas. Assim como o mosassauro, ele era um dos predadores do mar.

66
DAKOSSAURO

O Dakossauro é uma espécie de crocodilo pré-histórico, que viveu nos períodos Jurássico e Cretáceo, e se adaptou à vida aquática, pois sua cauda, seus braços e suas pernas se transformaram em nadadeiras. Como não era exatamente um peixe, ele tinha que subir à superfície para respirar, tornando-se uma presa fácil para mosassauros, elasmossauros e outros répteis marinhos poderosos.

Dakossauro

THALASSOMEDON

67

O Thalassomedon foi uma espécie que viveu no período Cretáceo, sendo considerado também um dos grandes predadores dos oceanos. Alcançando até 10 metros de comprimento, ele possuía nadadeiras que chegavam a quase 2 metros, o que lhe permitia nadar nas profundezas com uma eficiência surpreendente.

NOTHOSSAURO

68

Tendo vivido no período Triássico, há aproximadamente 220 milhões de anos, o **Nothossauro**, embora fosse considerado um animal aquático, não era totalmente adaptado à vida na água. Com patas semelhantes às de um jacaré, ele chegava a medir 4 metros de comprimento, sendo um dos predadores aquáticos de sua época.

TANYSTROPHEUS

69

O Tanystropheus viveu há 242 milhões de anos, durante o período Triássico. Ele com certeza fazia parte do time dos pescoçudos, pois, dos seus 6 metros de comprimento, metade era de pescoço. Uma característica curiosa dessa espécie é que sua longa cauda podia ser cortada para escapar de um predador — o Tanystropheus tinha a habilidade de regenerá-la.

KRONOSSAURO

70

Os **Kronossauros** viveram há 110 milhões de anos, durante o período Cretáceo. Eles mediam mais de 9 metros de comprimento (tendo 2 metros apenas de boca), pesavam mais de 7 toneladas e possuíam dentes afiadíssimos. Não à toa, ele aterrorizava os mares do período Cretáceo.

NA TERRA

TIRANOSSAURO REX

O nome de um dos maiores predadores pré-históricos, **Tiranossauro rex**, tem como significado literal "lagarto tirano rei", o que faz muito sentido, uma vez que esse gigantesco réptil aterrorizava quase todas as espécies do final do período Cretáceo. Além de ter o título de uma das criaturas mais ferozes de todos os tempos, o Tiranossauro rex também possuía a mordida mais forte que qualquer outro animal terrestre: cada dente dele era capaz de exercer uma pressão de 6 toneladas. É de assustar!

VELOCIRRAPTOR

Os **Velocirraptores** eram com certeza criaturas ferozes que causavam medo, mas diferentemente do que muitos acreditam, eles não eram tão grandes assim. Na verdade, os Velocirraptores eram um pouco maiores que um peru. Apesar de pequenos, eram excelentes corredores, pois podiam alcançar uma velocidade de 39 quilômetros por hora. É melhor correr!

DIPLODOCO

Um dos grandes répteis que habitou o período jurássico, o Diplodoco tinha como caraterística marcante o longo pescoço e a cauda, que chegava a medir mais da metade do seu comprimento total. Ele suspendia a cauda e a usava para dar "chicotadas" nos predadores.

26

TRICERÁTOPO

74

Considerado o maior dinossauro com chifres que já existiu, o Tricerátopo era bem parecido com o rinoceronte. Além disso, seu nome se deve a uma característica física bem marcante: os três chifres, que são sua principal arma de ataque.

ESTEGOSSAURO

75

O **Estegossauro** era um dinossauro que chamava a atenção por causa das famosas placas ósseas que possuía ao longo das costas. Tal característica até se refletiu em seu nome, que significa "lagarto telhado".

ANQUILOSSAURO

76

Assim como o Estegossauro, o Anquilossauro tinha como principal característica as placas ósseas que ficavam sobre as costas. Essas placas formavam uma carapaça que protegia o réptil contra possíveis ataques. Além dessa "armadura", o Anquilossauro tinha um tipo de porrete na ponta da cauda que servia para espantar os predadores. Imagina o estrago que ele deveria fazer!

ALOSSAURO

77

Um tremendo predador de mandíbulas poderosas, o **Alossauro** costumava aterrorizar suas presas, geralmente dinossauros herbívoros. Extremamente veloz, ele era bem semelhante a um famoso réptil que surgiu depois dele, o Tiranossauro. Porém, diferentemente das patas anteriores do Tiranossauro rex, as do Alossauro eram grandes e dotadas de garras bem afiadas e perigosas.

27

NA TERRA

78 ESPINOSSAURO

O **Espinossauro** era um primo distante do Tiranossauro rex. Assim como o assustador Tiranossauro, ele tinha fama de ser o maior e mais temível de todos os predadores. Além de poder andar sobre duas ou quatro patas, possuía garras curvas e dentes cônicos e pontiagudos. Como se já não fosse suficiente, esse predador ainda podia mergulhar, pois sua principal refeição era constituída por peixes.

79 ARGENTINOSSAURO

Como o nome já indica, o fóssil desse dinossauro foi descoberto na Argentina, em 1980. Extremamente grande e pesado, o Argentinossauro podia pesar até 80 toneladas.

Argentinossauro

80 COMPSOGNATOS

Os Compsognatos viveram no fim do período Jurássico, há aproximadamente 150 milhões de anos. Apesar de serem um dos menores dinossauros encontrados até hoje, eles eram carnívoros vorazes, que usavam os numerosos e afiados dentes para caçar presas (geralmente pequenos animais).

BRAQUIOSSAURO 81

O **Braquiossauro** foi um dos maiores dinossauros que já existiu, pois tinha entre 18 e 20 metros de altura e 25 de comprimento. De tão grande, seria necessário empilhar três Tiranossauro rex para chegar à sua altura. Seu nome, que significa "lagarto com braço", deve-se ao fato de seus membros dianteiros serem maiores que os traseiros.

IGUANODONTE 82

Espécie que viveu no período Cretáceo, o Iguanodonte foi o segundo dinossauro a ser descoberto pelos cientistas. Seu nome, que significa "dentes de iguana", reflete uma característica desse réptil: dentes semelhantes aos das iguanas de hoje em dia.

MEGALOSSAURO 83

Espécie que habitava o período Jurássico, o **Megalossauro** era um dos grandes répteis que existiam naquela época. Com 9 metros de comprimento, o tamanho desse dinossauro equivalia ao comprimento de dois rinocerontes.

BRONTOSSAURO 84

Da mesma família do Braquiossauro, os Brontossauros possuíam características similares: pescoço longo, crânio pequeno em relação ao corpo e eram quadrúpedes. Própria do período Jurássico, essa espécie tinha cerca de 22 metros de comprimento e pesava em torno de 40 toneladas.

Megalossauro

29

EXTINÇÃO EM MASSA

85 PERÍODO DA EXTINÇÃO
Foi no fim do período Cretáceo que os dinossauros e diversas outras espécies de animais e plantas foram erradicados da Terra. Estima-se que, nesse período, foram dizimados 70% dos animais marinhos e terrestres em toda a Terra.

86 A CAUSA
Acredita-se que o desaparecimento dos dinossauros tenha ocorrido 65,5 milhões de anos atrás, depois de um asteroide de 10 quilômetros de diâmetro atingir a superfície da Terra, mais precisamente na península mexicana de Yucatán.

87 GIGANTESCA EXPLOSÃO
Estima-se que o asteroide que atingiu a Terra gerou uma explosão semelhante a 240 bilhões de toneladas de explosivos, causando uma drástica mudança climática no planeta.

MUSEU DE REFERÊNCIA

A comprovação da existência dos dinossauros que habitaram o planeta há milhares de anos deu-se graças aos fósseis que foram encontrados e que estão expostos em diversos museus do mundo. No Brasil, por exemplo, entre os museus que abrigam ricos registros arqueológicos, o Museu de Paleontologia de Santana do Cariri (Ceará) se destaca, pois conta com um acervo de 10 mil fósseis e uma das mais importantes coleções de registros do período Cretáceo do Brasil.

SEGUNDA CAUSA

A extinção de outros seres que habitavam a superfície terrestre na Era Mesozoica não ocorreu pelo impacto do asteroide com a Terra, mas pela consequência dos efeitos que esse impacto causou. O incêndio que se alastrou na região e ocasionou a poluição do ar, por exemplo, destruiu hábitats e colapsou cadeias alimentares inteiras.

RESISTÊNCIA

Mesmo com o desaparecimento de inúmeras espécies, algumas formas de vida conseguiram sobreviver ao encontrar um ambiente com condições adequadas para se proliferar e colonizar novos hábitats. Esse foi o caso de alguns mamíferos, aves, insetos e seres marinhos.

ABRIGO DE FÓSSEIS

A **África do Sul** é conhecida por abrigar muitos fósseis de dinossauros herbívoros dos períodos Triássico e Jurássico. Até o momento, já foram encontradas na região centenas de fósseis de mais de 10 espécies diferentes de dinossauros herbívoros.

RECORDES PRÉ-HISTÓRICOS

92 DINOSSAURO MAIS COMPRIDO
O maior dinossauro era o Argentinossauro, um herbívoro que media 42 metros de comprimento e pesava até 80 toneladas.

93 MAIS VELOZ
O recorde pertence ao pequenino Compsognato, um réptil que tinha o tamanho de um gato e podia atingir velocidade de até 64 quilômetros por hora.

94 DINOSSAURO MAIS ALTO
Esse recorde é do *Sauroposeidon proteles*, um herbívoro descoberto na América do Norte, que tinha 17 metros de altura.

95 O MAIOR E O MENOR NOME DE DINOSSAURO
O dinossauro com o nome mais extenso é o Micropaquicefalossauro. Já o menor nome de dinossauro pertence ao Minmi.

96 DINOSSAURO COM O MAIOR CÉREBRO
O dinossauro que possui o maior cérebro em relação ao tamanho do corpo é o Troodonte. Ele era tão inteligente quanto um cachorro.

97 DINOSSAURO COM O MENOR CÉREBRO
O Estegossauro tinha o menor cérebro (do tamanho de uma noz) em relação ao tamanho do corpo.

98 DINOSSAURO COM MAIS DENTES
O herbívoro Hadrossauro possuía 960 dentes, que se renovavam sempre que se quebravam.

99 MAIOR CAUDA
O dinossauro que possuía a maior cauda em relação ao tamanho do corpo era o Diplodoco. De seus 27 metros de comprimento, quase 14 correspondiam à cauda.

100 MAIORES GARRAS
Com garras em forma de foice e medindo cerca de 80 centímetros, o Terizinossauro possuía as maiores garras do reino dos dinossauros.

101 MELHOR OLFATO
O Tiranossauro rex tinha o olfato muito apurado. Acredita-se que ele podia farejar sua refeição a grandes distâncias.